油罐车中的柴油已经泄漏出来了。像这种危险燃料必须用油黏合剂吸收后再处理。之后，消防队会把现场打扫干净。现在，警察正在盘问一名目击者。

紧急救援控制中心负责接听所有的紧急呼叫，工作人员会向来电者询问事故详情以及伤员情况。之后，他们会派救援车辆和人员前往事故现场。行驶中的救援车辆会一直闪烁车灯并拉响警报，以便尽快赶到事故现场。

谁在应急救援队工作？

德国应急救援队里的工作人员几乎都是志愿者。他们在发生洪水、飓风或山体滑坡等险情时为人们提供技术援助。

在一些紧急救援任务中，消防队等其他紧急服务部门同样需要应急救援队的帮助。应急救援队为他们提供救援设备、车辆和人员支持。

遇到山体滑坡时，应急救援队还需清理碎石、加固危险建筑物并清扫道路。

在德国，年满6岁且未满18岁的孩子可以加入青少年应急救援队。在那里，他们可以学习如何使用救援设备，例如木工设备。成年人则需要进行专业的基础培训，通过考试后才能参加救援任务。

在救援过程中，所有人都穿着防护服。他们的上衣和裤子是深蓝色的，带有黄色条纹。头盔则是醒目的黄色。

应急救援队需要哪些设备？

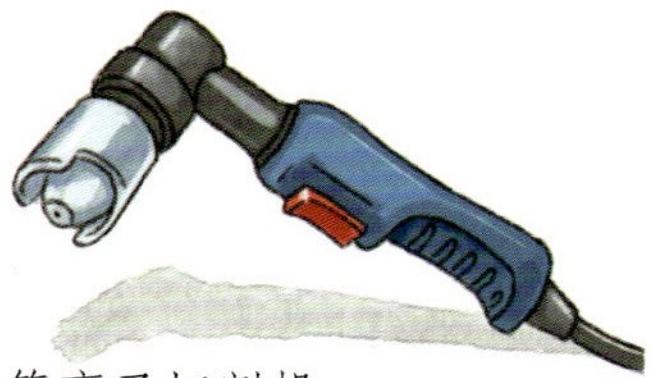

等离子切割机

电动切断机

气动千斤顶

污水泵

应急救援队执行任务需要很多救援工具。为了将这些工具带到事故现场，救援队会使用装有技术设备的救援车。

救援车还配备了绞盘和无线电设备。车厢可容纳九人，而设备则存放在车顶和几个隔间中。

在发生洪水的情况下，应急救援队也可以通过应急服务和设备为消防队提供支持。队员们把人和动物营救上船，并使用高性能抽水泵抽出房子里的水，再堆上沙袋防洪。

应急救援队什么时候参与跨国救援？

世界各地都有可能会发生由暴风或地震造成的灾难，这时候，应急救援队就要出发了！为了帮助受灾地区，应急救援队会与其他组织一同前往灾区救援。

跨国救援所需的物资由运输飞机运送。救援人员的食物和帐篷也必须被装在大箱子里一同送往灾区。

应急救援队会使用卡车把队员和救援设备从机场运往灾区。如果前往热带地区救援，救援队会给队员提供专业的防蚊虫叮咬和防晒的救援服。

遭受重大灾难后，灾民可能失去住房，也很难购买到生活必需品，所以应急救援队必须带上在救援期间所需要的一切物品。队员们可以在短时间内在世界上任何一个灾区建帐篷村，那里会有烹饪区、洗漱区、厕所和工作区。

应急救援队如何提供援助？

一场大地震后，人们被埋在废墟下，救援人员必须迅速赶往事故现场寻找幸存者。搜救犬可以为寻找幸存者提供非常大的帮助。

搜救犬灵敏的鼻子能闻到幸存者的味道。它会大声吠，以吸引救援人员去寻找它所发现的被掩埋在废墟下的幸存者。

灾难过后，人们缺乏很多生活必需品，尤其是干净的水。因此，应急救援队会修建一个饮用水处理系统。

受污染的水会在集水区被过滤去污。这个处理系统会过滤掉沙子和病菌。人们可以在水泵处接上可供饮用的纯净水。

什么时候需要救护车？

在有人员受伤的紧急情况下，救护车会配备一名救援人员和一名紧急护理人员赶来急救。

他们会照顾伤员，并在必要时呼叫急诊医生。

救护车是一个移动诊所，车里配备了处理紧急事故时需要的医疗设备和药物。

急诊医生乘坐急救车或救援直升机来到事故现场。

护理人员总是随身携带着一个应急背包或箱子，以便随时随地帮助伤员。

救护车上的医疗物资以节省空间的方式被装在应急背包中。急诊医生给伤员戴上了腿部支架。之后，救护车和护理人员会将他送到医院进行X光检查和进一步治疗。

如果救援直升机无法降落，医护人员就会从直升机上直接降落到伤员身边。

在救护好伤员后，一名助手会用绞盘把医护人员和伤员都拉上救援直升机。

午夜，急诊医生的传呼机发出了哔哔声，提醒她要去医院执行紧急任务。仅两分钟后，紧急护理人员就已经在救护车里接上她了。

对于受伤的人来说，每一分钟都极其重要。如果目击者迅速采取行动并立即拨打112*，那么许多人都可以及时得到救助。

*112为德国急救电话。中国的急救电话为120。——译者注

在超市里，一位成年人突然昏迷，旁边的女士及时托住了他。

这时，一位年轻人也反应迅速，立即拨打紧急电话寻求帮助。

救护车和救援直升机正在赶来的路上。救护车率先赶到超市。

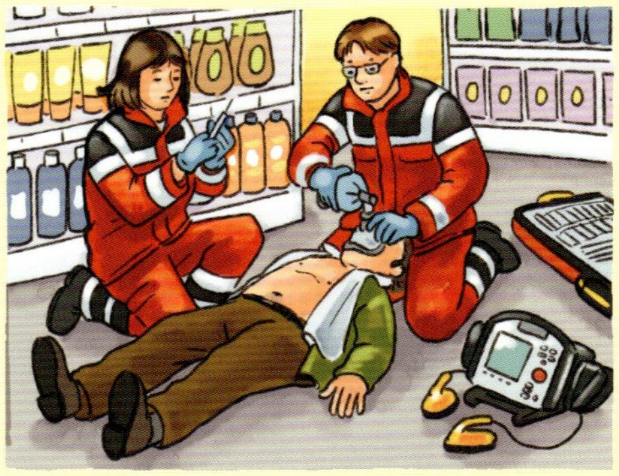

急救医生给病人吸氧，用除颤器电击，使他的心脏恢复跳动。

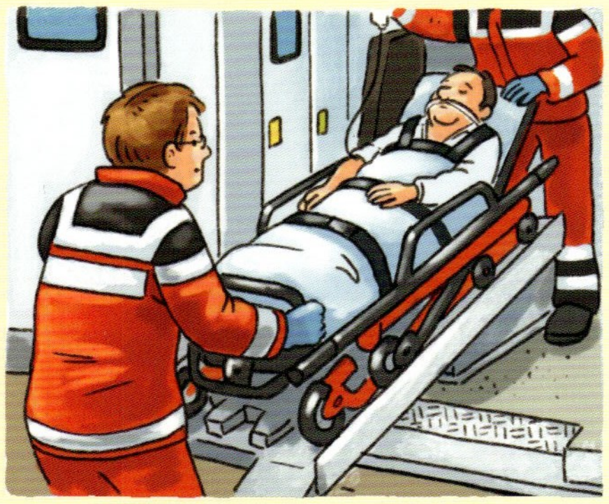

病人被平放在担架上，推上救护车并送往医院。

警察的职责是什么？

警察有非常多的职责。当有人需要帮助时，警察就会赶来。不同的警察有不同的职责，例如刑警的职责是处理严重的刑事犯罪，而民警则需要最先到达犯罪现场。警察需要对公民的安全负责。如果发生事故，警察要记录目击者的陈述，第一时间保护、勘查事故现场并拍照留证。

警察还需要确保大型活动能够安全、顺利地进行。例如，在足球比赛现场，会有数百名身穿制服的警察站在球迷中间维持秩序。

警察通常两人为一组，在特定的区域巡逻。他们穿过住宅区、步行区和购物中心，以便在必要时能够迅速为人们提供帮助。例如，当小偷试图对路人实施偷窃时，他们可以及时制止并通过无线电呼叫增援。

还有哪些警队成员？

刑警会出现在入室抢劫的案发现场。他们与身穿白色防护服的法医同事一起寻找指纹、脚印、衣物纤维、皮脂和头发。有了这些犯罪证据，嫌疑人通常可以被定罪。

在机场，作为警队中的一员，警犬会在旅客的手提箱中寻找违禁物品。警犬需要通过在学校接受专业培训才能完成这项搜寻任务。在学校，它们学习如何跳跃障碍物并抓住犯罪嫌疑人。在一些救援任务中，警察还需要训犬员带着他们的搜救犬一同寻找失踪人员。

特警需要执行特别危险的任务。当银行发生持枪抢劫案件时，特警会穿戴防弹背心、头盔和防护罩，并配备武器，在确保自身安全的前提下制伏犯罪嫌疑人。

消防队如何灭火？

消防队有很多不同的工作，最主要的工作便是灭火。如果工业厂房发生大火，消防员必须与他们的应急车辆一同赶到失火现场。

为了从上方扑灭火焰，消防云梯操作员将消防云梯升高，并将水箱里的水抽到喷射水管里，这样消防员就可以灭火了。

负责软管作业的消防员瞬间就铺设了长长的软管。消防队供水员将软管连接到消防栓上。

在两名实施突击的消防员穿越燃烧的房间前，他们必须先冷却滚烫的烟气。于是，一个拿着吊索和消防斧的消防员小心翼翼地打开了门，另一个消防员则用水枪冷却浓烟。这样他们就可以安全地进入房子了。

消防队还能做什么？

消防员经常需要从高楼或建筑起重机上救人。为此，消防队还配备了专门的高空救援队。这些专业队员可以爬上塔吊，在高处提供急救，并用绳索带着伤员一起下降。

一些消防员需要进行潜水训练。他们的任务包括营救伤员、车辆和处理危险物品。例如：如果装有危险物品的桶落入水中，消防潜水员会用桶夹将它们带出水面。

当石油等有毒物质进入河流或湖泊时，消防队的任务就是清除有毒物质、保护环境。

为了防止油污扩散，消防员会用塑料软管把它们围住，以便收集和清理。

谁来援救海上遇险的人？

海上航行着无数大大小小的船只，北海和波罗的海常常发生紧急状况。如果船只和船员在海上遇险，那么海上搜救队的队员将被派去参与救援。

货船上的货物着火了。船长通过无线电呼叫救援控制中心，救援人员发出警报，控制中心派遣一艘装配了火灾监控仪的救援巡洋舰前来帮忙。救援人员会使用巡洋舰上的消防炮（灭火水炮）扑灭大火。

在暴风雨中，一名渔民落水，渔船有沉没的危险。救援巡洋舰用探照灯照亮事故现场，让子船（图中是子母救援船）下水。救援人员站在子船后边的救生门那里将落水者拉上船。

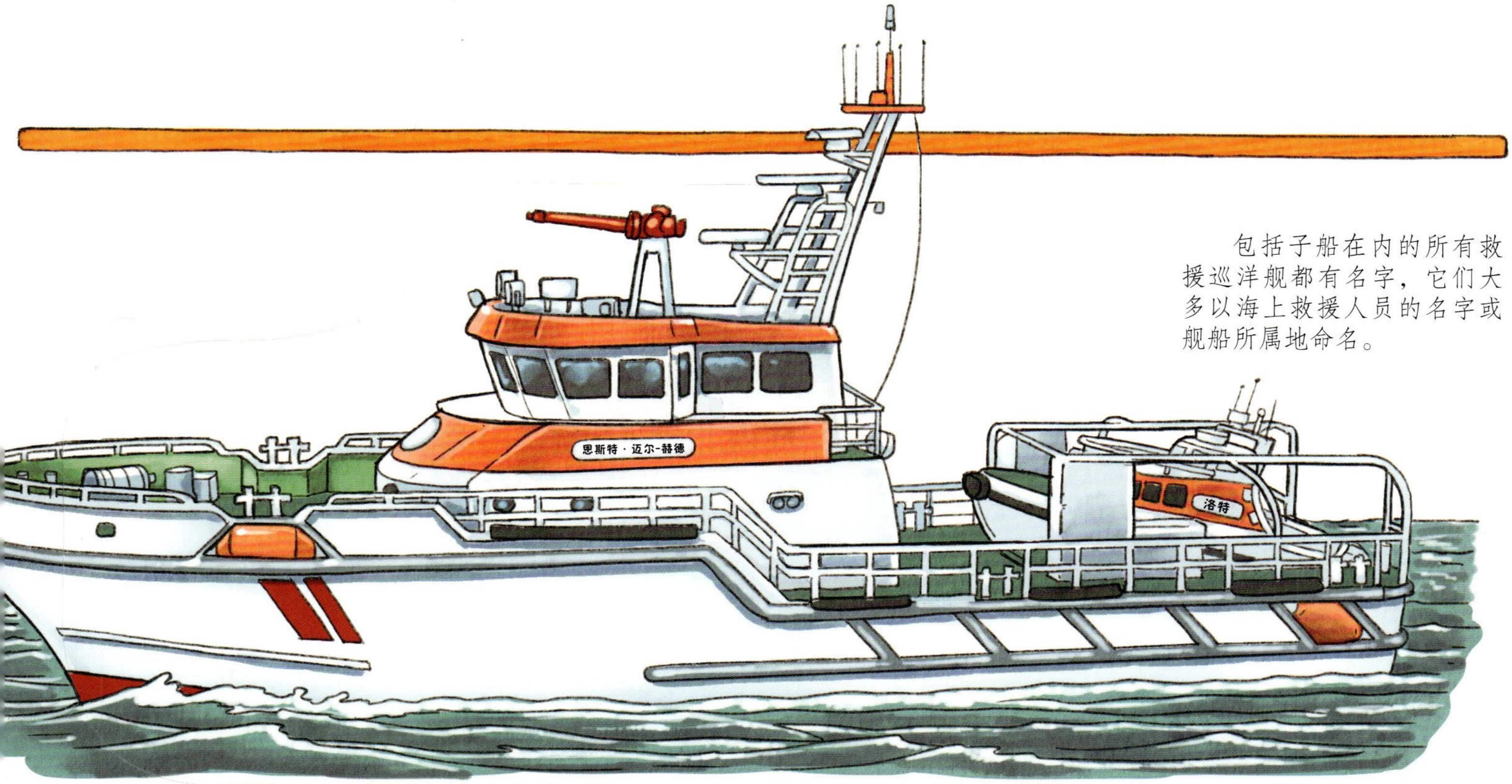

包括子船在内的所有救援巡洋舰都有名字，它们大多以海上救援人员的名字或舰船所属地命名。

救援巡洋舰拥有现代技术，船上配备了许多救援设备。它们停靠在重要港口，可供24小时全天候差遣。

只要有人面临生命危险，不管面对多么恶劣的天气，救援人员都会出海救援。

船长对船舶和船员负责。

救援船上至少会有一名工程师负责维护船上的各种技术设备。

海上救援人员有男性也有女性，他们可以参与急救、驾驶船只或操作特殊设备。

什么时候需要山地营救组织？

山区里发生紧急情况时，山地营救组织会派出救援人员提供帮助。所有救援人员都擅长滑雪和登山，并且接受过雪崩和空中救援等急救方面的培训。在冬天，山区经常会发生雪崩，常有人被埋在雪下。山地救援人员使用滑雪板、直升机或雪地摩托赶往事故现场展开救援。

当滑雪者遭遇雪崩被埋时，如果其随身携带搜救器的话，救援人员就可以快速定位事发地点，及时救援。

雪山搜救犬可以闻到被埋在厚厚雪层下的人的气味。与此同时，救援人员用雪崩探测杆搜索每一寸雪，以寻找幸存者。

救援雪橇里铺有一层充气垫，充气垫上还有一个温暖的救援袋。伤员就躺在救援袋里。两名滑雪救援人员控制雪橇，将伤员安全地运出。

在冬季，要想把偏远山区或陡峭的滑雪场里的伤员送到救护车上是十分困难的。因此，救援人员经常使用救援雪橇运送伤员，并开着履带越野车进入崎岖的雪山中进行营救。